AF330283

LE

BOURSIER

DE

L'EMPEREUR

DOCUMENT

SUR LA VIE INTIME DÈ NAPOLÉON 1er

PAR A. CHAILLY

ANCIEN MARIN DE L'ÉTAT.

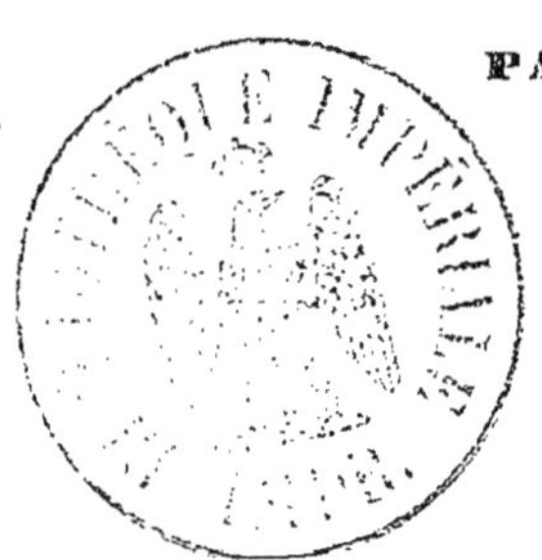

Rien n'est beau que le vrai, le vrai seul est aimable.
BOILEAU (*Art poétique*).

« L'auteur a connu Napoléon 1er dans l'intérieur de sa vie ; ce qu'il a vu lui semble digne d'être transmis à la postérité. En l'écrivant, il paie la dette sacrée de la reconnaissance. »

PARIS

CHEZ L'AUTEUR, RUE DE LA CLEF, 21.

Chez les principaux libraires, et chez les dépositaires de publications périodiques.

—

1857.

Toute contrefaçon, traduction, reproduction non autorisée par l'auteur, sera poursuivie conformément à la loi.

Imprimerie G.-A. PINARD. — TURFIN, 9, cour des Miracles.

AVANT-PROPOS.

Un marin, brisé par l'infortune et par l'âge, livre au public de touchants souvenirs.

Boursier de l'Empereur Napoléon Ier, il a connu cet homme illustre dans l'intérieur de sa vie. Ce qu'il a vu lui semble digne d'être transmis à la postérité. En l'écrivant il paie la dette sacrée de la reconnaissance.

Son récit est sur le papier depuis un an. Il l'avait présenté à l'Abeille impériale ; mais elle n'avait pas à lui offrir immédiatement un morceau de pain en échange..... Il garda son manuscrit.

Il porta ce manuscrit à des possesseurs de magnifiques presses ; on ne refusa pas l'impression, mais on l'ajourna à un temps non fixé..... Il garda encore son manuscrit.

L'âme du pauvre marin, baignée dans les plus froides misères, allait donc s'éteindre..... Un nom lui revint en mémoire, celui d'un condisciple du Lycée impérial, à qui, de 1812 à 1818, il avait confié maintes fois les événements de sa jeune existence. Après quarante ans, il revoit ce camarade et lui raconte sa lamentable histoire. Il lit son véridique récit, ses yeux s'animent, ses joues se colorent et sa parole vibrante rend toutes vives les scènes où il figura. Son ami lui presse la main avec émotion, en disant : « Cette page d'histoire ne périra pas, je le juré ! »

Merci, François Broussais, mon digne ami : tu consoles le déshérité, le paria du contrat social ; merci mille fois !

Paris, le 15 novembre 1857.

A. CHAILLY,
Boursier de Napoléon Ier.

CHAPITRE Ier.

QUE VEUX-TU ? — SIRE, JE DEMANDE UNE BOURSE.

J'ai le malheur d'être un enfant naturel. Les tortures morales que j'ai ressenties bien jeune me donnèrent le courage à moi, petit enfant, de parler à l'Empereur.

En 1808 — mars ou avril — Napoléon visitait son Lycée impérial, rue Saint-Jacques. Un parent de mon père était armurier du Lycée ; j'obtins de sa complaisance un petit fusil adapté à ma taille — j'avais huit ans — et je me plaçai à la gauche des soixante grands élèves qui composaient ce que nous nommions *le peloton*. J'étais là avec mon petit frac gris de fer à parements rouges, mon chapeau à cornes, ma culotte grise, courte, et mes bas bleus. J'allais à la ceinture des soldats de quinze à dix-sept ans : l'Empereur devait remarquer ce contraste, car rien ne lui échappait.

Hélas ! mon cœur, à un âge si tendre, avait éprouvé des peines cruelles..... mon père m'avait reproché devant tous le pain qu'il accordait au bâtard. J'étais externe..... au lieu de me retrouver chaque soir au sein d'une famille, j'étais reçu par une vieille demoiselle acariâtre, naine de corps, d'intelligence et de cœur, logée, nourrie dans l'établissement. Vivant des restes de cette aimable personne, je maigrissais, je jaunissais, je desséchais à vue d'œil. Chaque fois que je me plaignais, mon père répétait : « N'est-ce pas assez pour un bâtard. »

Ce fut dans ces conditions pénibles que j'obtins la haute faveur d'être mis à la gauche du peloton.

Nos camarades les tambours battent aux champs. On voit s'avancer l'Empereur, accompagné de M. Champagne, notre proviseur, de M. de Guerle, censeur des études, et du bon Yves Bastiou, notre aumônier. L'Empereur passe sous la voûte du réfectoire de la grande cour ; nous étions rangés en bataille, on aurait entendu voler une mouche.

Mon cœur frappait ma poitrine avec violence ; j'étais plein d'un projet que je n'avais confié à âme qui vive. Les grands avaient plusieurs fois raconté devant moi comment un soldat s'y prenait, à une revue, pour s'adresser personnellement à l'Empereur ; la leçon avait profité, j'allais la mettre en pratique.

Notre chef, le capitaine Leclerc, commande

Portez, arme ! présentez, arme ! Napoléon commence son inspection ; il recoiffe plusieurs élèves, les examine tous d'un œil scrutateur et arrive en face de moi. Il sourit et du revers de ses doigts me pince légèrement la joue. Un peu confus, mais encouragé par cette faveur, je m'avance d'un pas hors des rangs et porte la main droite au chapeau. L'Empereur sourit encore, puis il prend un air sérieux, me regarde fixement : « Quel est le sujet de ta réclamation ? dit-il. » Je crus que j'allais étouffer. Voyons, reprend-il avec une sorte d'impatience, qu'as-tu à me dire ? — Sire, je demande une bourse. — Tes parents sont donc pauvres ? — Non, papa est riche, il est médecin. — Alors il peut payer. Rentre à ton rang. » Je demeurai immobile. L'Empereur se tourne vers M. Champagne et s'informe de ma situation. Il dirige ensuite vers moi un regard plein d'une expression de bonté que je n'ai jamais rencontrée sur un autre visage. « — Tu n'es donc pas heureux chez ton père ? Pourtant il t'a donné son nom. — Sire, je suis bâtard et papa dit que je lui coûte trop cher. » J'étais au bout de mes forces. J'aperçus sous la paupière de Napoléon une précieuse perle d'amour de tendre humanité ; alors le courage me revint. Mes larmes s'échappaient avec abondance. L'Empereur me prit doucement par le bras, me remit dans le rang et me donna un second petit soufflet de caresse, en soupirant très-bas : « Pauvre enfant ! — M. Champagne, dit-il, de manière à être entendu de tous, j'accorde une bourse à ce jeune élève. »

Le cri de vive l'Empereur s'éleva sur toute la ligne ; il dut aller retentir sur les murs du Panthéon.

Napoléon paraissait content. Il continua sa revue. Il s'arrête à l'un, à l'autre, interroge celui-ci, encourage celui-là, se renseigne sur un troisième et se fait désigner les sujets d'espérance. Il se place finalement au front du rang de bataille ; puis, se tourne de mon côté, m'appelle du geste et de la voix : Ton père te donne-t-il de l'argent pour acheter des gâteaux, les jours de promenade ? — Sire, papa me donne trois sous le dimanche, quand j'ai des bons points. — C'est peu. Monsieur Champagne, chaque dimanche vous récompenserez cet enfant selon son travail. Ne le gâtez pas ; car vous êtes en général trop indulgent ; mais donnez-lui le désir du travail par une rémunération suffisante : Vous entendez, tant qu'il travaillera bien.

Des cris enthousiastes se font entendre.... l'Empereur se rend au salon du proviseur.

CHAPITRE II.

Les rangs étaient rompus et les élèves du peloton s'éparpillaient de tous côtés. Devenu fameux, à cette sorte de fête de famille, j'étais l'objet de l'attention de tous, de l'envie de quelques-uns. Des camarades, sympathisant d'enthousiasme avec moi se précipitaient et m'embrassaient vivement, comme s'ils croyaient ressaisir les émanations napoléoniennes déposées sur ma joue à deux reprises successives. — Que t'a-t-il dit? Pourquoi lui as-tu parlé? Que t'a-t-il répondu? Qui t'a poussé à cette action? Qui t'a inspiré ce courage? Je n'ai pas entendu ce que tu as dit ; tu parlais si bas ! Tu avais bien peur, hein ! — C'était un feu croisé d'interrogations, d'exclamations, de paroles, de cris, auxquels je répondais de mon mieux, moi petit enfant, agité de l'émotion la plus profonde.

Je m'efforçais de satisfaire à ces multiples deman-
des, redisant une à une les paroles de l'Empereur,
rappelant ses gestes, imitant le son de sa voix,
l'expression de sa physionomie, tout ce qu'il m'a-
vait été possible de remarquer dans sa personne.
On m'écoutait bouche béante comme un oracle ;
chacun voulait tenir de moi, directement, un récit
qu'il se proposait de faire connaître au dehors, à
ses parents, à ses connaissances. Ce jour-là, qui
flambe encore dans mon souvenir, j'eus un cor-
tége, des courtisans. Je n'étais plus un externe
pauvre du Lycée, vivant des miettes de la vieille
rachitique, ouvrière à la lingerie. Métamorphosé
par la main souveraine, j'étais devenu le *Boursier
de l'Empereur*. Riche désormais, j'allais jouir de
menus plaisirs libéralement pourvus.

Le dimanche suivant j'allai chez mon père. Fier
de mon élévation, je lui en narrai la prodigieuse
histoire, en ajoutant que le bâtard ne lui coûterait
plus à l'avenir. Mon père se réjouit d'économiser
par mois une trentaine de francs… Aussi m'offrit-
il de suite la gratification dominicale des 3 sous,
que je refusai noblement : « l'Empereur a aussi
pensé à cela, lui répondis-je, il y a généreusement
pourvu. »

J'arrive à 1810 et 1811.

L'Empereur avait épousé Marie-Louise, archi-
duchesse d'Autriche. L'Impératrice voulut apprendre la broderie française. La belle-mère de mon

père, artiste en ce genre, était maîtresse de plusieurs princesses et duchesses ; elle montrait dans les premiers pensionnats de demoiselles. On la manda aux Tuileries ; elle fut agréée par Marie-Louise.

Bonne autant que spirituelle, Mme Rousseau s'intéressait à mon sort et me témoignait une affection que ma reconnaissance n'oubliera jamais. Je l'appelais ma bonne maman.

Voilà donc ma bonne maman donnant trois fois par semaine des leçons de broderie à l'Impératrice. On conçoit que deux femmes, si fréquemment assises l'une près de l'autre, se livrent à de longues conversations qui effacent peu à peu la distance des rangs. C'est ce qui arriva entre l'Impératrice et sa maîtresse de broderie. Ma bonne maman raconta naturellement à l'Impératrice la scène de mon admission au Lycée ; confidence qui me valut la bienveillance de Marie-Louise. Un de ces jours, dit l'Impératrice, il faut amener cet enfant à Saint-Cloud ; il m'intéresse.

Nous étions au mois de juillet 1810. Un dimanche de sortie, ma bonne maman me dit : Si tu obtiens un prix, je te donnerai ce que tu voudras.

Vint le 15 août, j'enlevai deux couronnes. Je sommai ma débitrice de tenir sa promesse. — Que veux-tu ? Je suis prête à m'exécuter. Est-ce une montre d'or ? Faut-il te conduire au spectacle dix ou douze fois pendant les vacances ? Préfères-tu aller à la campagne? Aux vendanges? Je te l'ai dit, demande-moi ce que tu voudras ; mais que ce soit une chose en mon pouvoir ; par exemple, cher enfant, ne me demande pas la lune.

A ces offres exprimées avec un amour de mère, je répondais par une moue véritablement désagréable. Que veux-tu ? Que veux-tu ? répétait Mme Rousseau. J'étais dans un extrême embarras, comprenant que l'accomplissement de mes désirs ne dépendait pas entièrement de celle qui se montrait excellente pour moi. Une volonté plus puissante devait nous venir en aide ; je doutai de la réalisation de mon rêve...

Que veux-tu?.... que veux-tu? mauvais enfant? Ce n'est pas tout Paris, je pense. L'impatience commençait à s'en mêler. Je dis : ce n'est pas un prix que j'ai gagné, j'en ai remporté deux. — Je sais cela ; après ? — Je voudrais.... — Quoi? — Voir l'Empereur et lui donner mes couronnes. Ici la bonne maman fit un bond ; puis elle fondit en larmes. Elle me couvrit de caresses et dit : Cher enfant, tu me fais bien heureuse en manifestant ce désir. Cela prouve ton bon cœur et ta reconnaissance ; mais l'accomplissement de ce désir dépend de l'Empereur, peut-être un peu de l'Impératrice. Je ne puis que prier ; je ne suis pas certaine d'obtenir : crois pourtant que je ferai mon possible.

CHAPITRE III.

UNE MESSE BASSE AU CHATEAU.

Le lendemain, jour de leçon de broderie au palais de Saint-Cloud , ma bonne maman ayant amené la conversation sur la distribution des prix, fit connaître les succès que j'avais obtenus. Marie-Louise aussitôt d'aller à un meuble, d'en retirer des jouets, un diable en cristal, des jeux de patience, et de remettre cela à sa maîtresse de broderie ; puis d'y joindre un fardeau de bonbons délicieux. — Vous donnerez cela à votre petit-fils; vous lui direz que c'est de ma part. — Votre Majesté le rendra bien heureux. Toutefois, j'ose dire à Votre Majesté qu'il demande quelque chose de supérieur à ces jolis objets. — Eh ! bien, donnez-le lui. — La chose ne dépend pas de ma volonté ; j'ai promis au-delà de ma puissance ; mais si Votre Majesté daignait me venir en aide, mon imprudence serait réparée.

Ici l'excellente Marie-Louise encouragea ma bonne maman par ces paroles : — Les mots de Votre Majesté sont convenables lorsque je trône à la cour, entourée de mes dames d'honneur et des princesses impériales, les épaules couvertes du manteau de souveraine. Je reçois avec plaisir ce titre qui m'accable de gloire, lorsque Napoléon me présente les dignitaires, les grands-officiers de l'Empire. Mais lorsque je me trouve avec vous, seule à seule, j'aime à me délasser des honneurs, je vous l'ai dit. Appelez - moi donc madame. La femme de Napoléon est, j'aime à le croire, une femme bonne et simple ; c'est un bonheur pour elle d'être tout simplement madame : j'ai droit à ce titre comme toutes les femmes de France. — Madame, je ne l'oublierai plus.

— Causons en bonnes amies, reprit Marie-Louise. Voyons, si je puis vous aider, je le ferai. Faites venir votre petit-fils à Saint-Cloud dimanche prochain, je lui donnerai de nouveaux bonbons, si le petit gourmand a mangé les premiers ; je l'embrasserai, je l'encouragerai au travail ; je lui ferai voir l'Empereur ! — Madame, vos bontés me rendent confuse... mais le malheureux enfant demande... — La couronne peut-être ? — Il veut au contraire donner des couronnes à son Empereur. — Je ne comprends plus. — Les prix sont accompagnés de couronnes de feuilles et de fleurs. Lorsque j'ai demandé à mon fils ce qu'il voulait pour témoignage de ma satisfaction : Je veux voir l'Empereur et lui donner mes couronnes, m'a-t-il répondu. Vous jugez, madame, de mon extrême embarras. Vous voyez qu'il m'est impossible de tenir ma promesse, si vous ne me prêtez votre appui bienveillant. — J'emploierai ma médiation dans cette sérieuse affaire, et je pense réussir. Amenez cet enfant, dimanche, à la messe du château ; après la messe, vous vous adresserez à Mme la comtesse de Lucé, à laquelle j'aurai donné avis.

Le dimanche suivant, dès sept heures, j'étais en grande tenue lycéenne ; quelques minutes après, nous roulions en voiture sur la route de Saint-Cloud. La messe est commencée. L'Empereur et l'Impératrice sont à leur prie-dieu, regardant l'autel du sein de la tribune impériale. L'assistance, placée entre la tribune et le chœur, faisait également face au prêtre, à qui, seul, je tournais le dos en gardant mon chapeau comme un soldat de service. Je regardais l'Empereur qui se balançait sur son prie-dieu. L'Impératrice, remarquant sans doute ma naïve inconvenance, me fit un signe de la tête, pour m'inviter à une attitude recueillie. Je dis tout haut à la bonne maman : *L'Impératrice m'a dit bonjour !* — Chut ! tais-toi donc !.,. Mais j'avais la tête perdue. D'un côté, Marie-Louise me faisait signe d'être tranquille, et je prenais cela pour un bonjour répété ; d'un autre côté, je me préoccupais de mes couronnes passées à mon bras et susceptibles d'être froissées par mon agitation ; enfin je sentais peser sur l'effronté lycéen les regards des assistants scandalisés. Le saint sacrifice me parut durer éternellement, quoiqu'il ne durât que dix à douze minutes. Ce fut avec un plaisir inexprimable que j'entendis l'aumônier prononcer gravement le *Ite, missa est*. La foule s'écoula.

CHAPITRE IV.

LE PETIT SALON DE L'IMPÉRATRICE.

Ma bonne maman me prit par la main, et nous allâmes chez la comtesse de Lucé, qui nous reçut le sourire aux lèvres. Cette dame me fit de doux reproches sur mon étourderie à la chapelle. La grand'maman grondait d'une manière sérieuse ; elle craignait que monsieur son petit-fils ne l'eût compromise. Pour moi je n'entendais que deux choses : l'Empereur et mes couronnes. Mme de Lucé nous fit observer que l'Impératrice ne pouvait nous admettre que vers onze heures. En attendant, comme j'avais la faveur de la souveraine, je fus promené de duchesses en comtesses. Là se voyaient les duchesses de Rovigo, de Montebello, la comtesse de Montalivet, et tant d'autres belles et nobles dames ! Passe-temps bien agréable, d'être complimenté, embrassé, fêté, par ce cercle de femmes

ravissantes ; mais que je goûtai peu, absorbé que
j'étais par l'idée de ma future entrevue avec Napoléon le Grand !

Enfin nous fûmes introduits auprès de l'Impératrice. Je me disposais à débiter un compliment
appris pendant la route de Paris à Saint-Cloud,
mais je n'en eus pas le temps ; Marie-Louise
m'attira sur ses genoux et me félicita sur mon beau
projet : L'Empereur va venir, ajouta-t-elle ; il y
aura un peu de monde ; n'aie pas peur, je te
soutiendrai, et tout ira bien.

Je quittai enchanté les genoux de l'Impératrice.
Arrivèrent bientôt les personnages de la cour, an-
noncés par la voix sonore des chambellans ; riches
habits des maréchaux, manteaux de velours et
d'hermine, grands cordons de divers ordres, croix
et crachats scintillants, noms retentissants, sym-
boles de hauts faits, tout cela miroitait à mes yeux
éblouis.... je me croyais transfiguré moi-même.
Chaque visiteur s'avançait pour se prosterner devant la souveraine, brillante de parure, de jeunesse
et de dignité... que c'était beau pour un enfant de
dix ans ! Après quarante-six ans, je me rappelle
les moindres détails de cette réception impériale.

Un pas vif se fait entendre, chacun se range, le
silence règne, la porte du salon s'ouvre à deux
battants et le grand chambellan annonce : Messieurs, l'Empereur ! tout le monde s'incline.

J'étais derrière Marie-Louise, très près d'elle.

Bonjour, messieurs, dit l'Empereur ; mesdames, votre serviteur ! et se dirigeant vers l'Impératrice : Bonjour, Louise ! Il se tourne ensuite du côté de la glorieuse foule : Eh bien, quoi de nouveau?

Nul, à la cour, ne répondait sans avoir été interpellé directement.

Sire, dit l'Impératrice, en me poussant au-devant d'elle, voici un de vos enfants qui réclame la faveur de vous offrir un trophée qu'il a su conquérir. Napoléon un peu surpris s'approche de nous. — Ma bonne maman suivait mes pas. — Je me trouvai avec l'Empereur au milieu du brillant cercle de la cour. Il me dit : Je te connais, ce me semble. Je t'ai donné une bourse au Lycée Impérial? Monsieur Champagne est-il toujours content de toi? Mérites-tu chaque jour de promenade l'argent de tes menus-plaisirs? M'apportes-tu des satisfécits? Est-ce le présent que tu veux me faire? — Sire, s'empresse de répondre pour moi Marie-Louise, ce pauvre enfant vient déposer à vos pieds les couronnes qu'il a obtenues. — Tu as donc de beaux gros livres dorés, avec l'aigle sur chaque volume? et tu viens m'offrir tes couronnes. C'est bien d'avoir pensé à moi, si personne ne t'a inspiré cette idée. Donne, donne-moi ces gracieux joujoux.

L'Empereur saisit les couronnes avec une brusque vivacité ; il en effeuille une.... il la regarde avec l'expression du dédain ; tu m'en gagneras d'autres, dit-il. Puis il prend la couronne demeurée intacte, la pose sur sa tête et demande à ses maréchaux, si, vu sa taille, il ne ressemble pas à un lauréat de collége ?...

J'étais immobile et sans voix ; ma bonne maman vint m'arracher à ma félicité.

La cérémonie avait disparu. Ma couronne de lycéen était déposée sur un guéridon. Je n'en ai pas vu, je n'en ai pas entendu davantage.... Mon sang avait reflué violemment...Je fus emmené hors de la salle de réception. Je revins à moi peu à peu et me trouvai dans les bras de ma bonne maman.

CHAPITRE V.

Après quelques moments d'un calme réparateur, je me promenai dans le parc réservé. Les grandes eaux jouaient à Saint-Cloud. Pour jouir de l'animation qui régnait partout, je retournai au château et me mis à la fenêtre du milieu du grand salon. Cette vaste salle était vide. Placé sur le balcon, je réfléchissais aux événements de la matinée..... mon chapeau s'enlève tout-à-tout de dessus ma tête ; je me mets à crier, lorsqu'un bras vert se montre et qu'une main potelée, presque féminine, me saisit l'oreille. — A qui cela ? dit une voix dont le son m'était connu. J'allais répondre, lorsque j'entendis ma grand'mère, dans l'éloignement, dire aussitôt : « A vous, Sire, comme toute sa personne, comme les cœurs de tous les Français ! » L'Empereur qui répondait peu à ces propos d'adulation, se pencha vers moi, et, abandonnant mon oreille, m'ordonna de venir chercher mon chapeau. En même temps il me le faisait voir.

Conduit par ma bonne-maman, je montai un escalier dérobé, garni de tapis, et ne tardai pas à me trouver en présence de mon grand protecteur. Napoléon me fit courir quelques instants après mon chapeau, qu'il tenait en l'air et qu'il finit par poser militairement sur ma tête, en disant avec un sourire : « Bonjour, mon officier. — Sire, j'en accepte l'augure, répondit madame Rousseau. — Pourquoi pas ? » reprit-il en se retirant.

Ma journée était remplie : ma bonne-maman avait tenu sa parole ; j'avais une fortune de souvenirs.

Lorsque je me retrouvai au milieu de mes camarades, je leur appris ce qui m'était arrivé. La plupart envièrent mon sort. Plusieurs me dirent : « Que tu es bête ! à ta place j'aurais préféré une montre d'or. — Ne disputons pas des goûts, répondis-je ; moi, je préfère ce que j'ai eu. »

Que serait devenue la montre d'or, reçue par moi à dix ans ? rien, tandis que mes rapports avec le grand Empereur sont une richesse de souvenir qui brille, après quarante ans, du même éclat que le premier jour. J'avais donc pris le meilleur lot ; mon sentiment ne m'égarait pas.

Le jour où Napoléon s'était couronné de mes

lauriers fut, si je ne me trompe, celui où il donna en public, comme époux, l'exemple d'une indulgence rare.

Après le dîner, l'Empereur et l'Impératrice se promenaient dans le parc réservé. Des hauteurs de Bellevue voisines du parc la foule contemplait le vainqueur des rois. Marie-Louise propose une partie de volant et Napoléon accepte. La balle emplumée décrit ses gracieuses courbes de va-et-vient, elle est reçue heureusement par Marie-Louise, mais Napoléon la manque presque à chaque coup. L'Impératrice impatientée jette sa raquette, en appelant son mari un maladroit. Napoléon se baisse près de Marie-Louise pour reveler la raquette ; comme il se redresse en riant l'Impératrice le frappe très-vivement à la joue. Le soufflet retentit..... une surprise d'appréhension est marquée sur le visage des spectateurs de cette scène. L'Empereur, dont la physionomie reste gracieuse, prend avec courtoisie la main de Marie-Louise, il y applique un baiser aux yeux de tous..... le cri de vive l'Empereur ! s'élève de toutes parts. L'Empereur regarde en face la foule et dit d'un ton très-haut : *Avis aux maris !*

Les dames, en certaines circonstances, éprouvent des envies irrésistibles ; Napoléon prouva qu'il connaissait parfaitement le beau sexe.

CHAPITRE VI.

DEUX FRANCES.

La campagne de Russie avait épuisé notre force militaire: pour ne pas voir le pays ensanglanté par une lutte de désespoir, l'Empereur avait abdiqué à Fontainebleau. Une vieille dynastie était revenue gouverner la grande nation.

Nos institutions, ébranlées dans leur base égalitaire, avaient subi des changements de forme et de nom. Le pacte fondamental de l'Etat s'appelait charte octroyée, au lieu de constitution ; le souverain, c'était le roi de France et non plus l'Empereur des Français.

L'aigle avait succombé, le coq battait des aîles.

Les abeilles n'existaient plus, le lis était florissant.

Le *Lycée impérial*, devenu *Collége Louis-le-Grand*, subissait une transformation. Le tambour y était remplacé par la cloche, le frac gris de fer par l'habit bourgeois, bleu, à boutons fleur-delisés, le chapeau militaire par le chapeau rond. Cela nous déplaisait ; moi j'en étais chagriné.

Le bienfait des bourses accordées par l'Empereur était cependant continué par Louis XVIII, comprenant qu'une transition était à ménager. Dans mes intérêts d'éducation, je n'avais pas à me plaindre. Mais mon héros ne régnait plus ; son génie avait fait un naufrage où mon cœur et mon esprit s'étaient sympathiquement abîmés. Je n'avais existé que pour me rendre digne de Napoléon ; lui disparu, je manquais de père, de famille. Triste, inerte, je ne travaillais plus : on me qualifiait de cancre.

Telle devint ma situation.

Les fautes politiques commises par les personnages dits *du Pavillon Marsan*, ne tardèrent pas à provoquer du mécontentement, puis un besoin de réaction. La France rougissait de son abaissement. Le printemps de 1815 arrivait gros d'espérances révolutionnaires, que décelaient des épigrammes innombrables, des chansons satyriques, redites secrètement en haine des prétentions nobiliaires et ultramontaines. Le libéralisme naissait de la Restauration.

Napoléon était désigné parmi le peuple sous l'appellation de l'Autre, du Père la Violette. Les vieilles moustaches se hérissaient vis-à-vis des princes du droit divin, au souvenir d'un fils d'Empereur inscrit comme enfant de troupe dans les grenadiers français, quatre années auparavant. Un vague espoir se dirigeait vers l'île d'Elbe, exil du conquérant que l'infortune relevait et qui pouvait délivrer la patrie des oppresseurs noirs et blancs.

Il apprit tout cela, lui !

Avec quinze cents fidèles, il s'embarque comme un forban clandestin ; trompant les croiseurs anglais, il va descendre à Fréjus ; puis, il traverse la France et fait son entrée à Paris le 20 mars, jour anniversaire de la naissance de son fils.

Cette invasion inouïe n'avait pu être arrêtée. En vain le Gouvernement royal qualifiant Napoléon d'*usurpateur*, d'*ogre de Corse*, avait-il ordonné de *lui courir sus*, en promettant un salaire ; en vain dirigeait-il contre lui des troupes d'armes différentes, l'homme fastique avait marché toujours en avant. Ouvrant sa redingote pour découvrir sa poitrine à des forêts de bayonnettes, il les avait vu se retirer, puis faire volte-face pour se ranger sous son commandement. A ce signe immense les Bourbons devaient reconnaître le peu d'amour qu'ils avaient inspiré. Ils ne comprirent rien : ils quittèrent notre sol, emportant la vaisselle des Tuileries et l'espoir d'un troisième retour après de nouveaux désastres.

Mon Empereur était remonté sur le trône ; le drapeau tricolore flotte partout :

Son éclat brille dans les airs,

comme on chantait au café *Montansier* du Palais-Royal. J'étais au comble de la joie.

Si ma mémoire est fidèle — dans mon sombre et froid taudis je n'ai ni histoire, ni table chronologique — le dimanche qui suivit la rentrée de Napoléon vit une grande manifestation du peuple et de l'armée.

Les régiments, dirigés vers les Tuileries, traversaient les quartiers de Paris en se mêlant presque les uns avec les autres, infanterie et cavalerie, troupe de ligne et corps spéciaux. Les écoles de La Flèche, de Saumur, de Châlons étaient également accourues dans la capitale. A ces vieux et jeunes militaires s'adjoignaient les habitants des faubourgs, des ouvriers en bras de chemise, des gamins demi-vêtus, des bourgeois en habit noir, et tous avaient un bouquet de violettes à la boutonnière. Les rues du centre de Paris, nombreuses, étroites — où depuis s'est ouverte la large rue de Rivoli, — les quais des rives de la Seine s'encombraient, à chaque moment, d'une foule électrisée d'enthousiasme, et qui faisait retentir l'air des cris de vive l'Empereur ! vive le Père la Violette !

Ces masses alègres envahirent le Louvre, le

jardin des Tuileries, la place de la Concorde, tous les abords du château. Les écoles Polytechnique, de Saint-Cyr, de Saumur, de Châlons, de La Flè-che, d'Alfort, se pressaient sous le pavillon de l'Horloge ; les étudiants en droit et en médecine, les élèves de l'école Normale, avoisinaient le pavillon de Flore.

Les troupes, les écoles, les ouvriers, les citoyens de toute classe, pénétrèrent dans la cour du palais. On vit sortir de dessous le ventre des chevaux et pour ainsi dire du sol, huit ou neuf cents enfants en habit bleu, qui se groupèrent vers le centre de la vaste cour.

Que voulaient ces jeunes lycéens, porteurs d'un œillet rouge comme signe de ralliement ? Ils demandaient des tambours, au lieu de cloches, des fusils et une organisation militaire.

Il va sans dire que je faisais partie intégrante du groupe des pétitionnaires.

A notre tête figuraient Ollivier et Oscar Berna-dote, âgés tous deux de seize ans.

Le premier, ex-pilotin sur un navire que commandait son père en qualité de capitaine de vaisseau, s'était distingué dans un combat naval. Au moment où le pavillon venait d'être abattu par un boulet, il le releva pour le clouer sur le mât de misaine, au milieu de la mitraille, et tomba la jambe brisée. La croix d'honneur fut sa récompense avec une bourse au Lycée impérial.

L'autre, fils du roi de Suède, le premier aux exercices du corps, plein de courage, doué d'une vigueur herculéenne, prenant toujours le parti du faible contre le fort, était chéri de ses camarades, tant pour sa bonté que pour sa vive intelligence. Ce fut lui que nous chargeâmes de remettre notre pétition à l'Empereur.

A notre défilé, Oscar se détacha rapidement et présenta le placet en fléchissant le genou. — C'est bien, dit l'Empereur, vous aurez vos tambours ; je supprime vos cloches... — Sire, je les ai démolies. — Tu as eu tort, reprend Napoléon avec sévérité, tu devais attendre un ordre. Je vous rends votre organisation militaire.

Nous criâmes : Vive l'Empereur !

Napoléon fit un signe de la main, le silence fut observé. — Enfants de l'Empire, je ferai plus pour vous. De quatorze à seize ans, on vous exercera au maniement des armes ; à seize ans, vous deviendrez artilleurs. Et montrant les élèves de l'É-cole Polytechnique, qui s'étaient battus aux buttes Saint-Chaumont pour défendre Paris : Voilà vos aînés, vos guides ; vous aurez leur adresse et leur dévouement !

Les élèves de l'École Polytechnique et des Lycées firent entendre un cri prolongé de vive l'Empereur ! vive Napoléon !

Dans cette revue populaire, les vétérans mutilés de la République et de l'Empire vinrent montrer au grand capitaine les drapeaux conquis, soigneusement cachés pendant les dix mois de règne de Louis XVIII. Ils avaient été salués par une immense acclamation : Les invalides ! les invalides ! honneur aux braves ! Et les vieux guerriers tressaillaient d'orgueil sous les étendards qui les enveloppaient.

Les tailleurs, armuriers et autres fournisseurs du Lycée travaillèrent jour et nuit à notre habillement militaire, et le jeudi suivant nous fîmes une promenade de corps.

Ordinairement nous suivions les grandes voies; ce jour-là on nous fit passer par les rues ouvrières du quartier de la Montagne-Sainte-Geneviève et à travers la place Maubert. Le marché des Carmes venait d'être construit. Au vacarme de notre marche, à notre apparition, les marchandes quittent leurs étaux, laissent leurs éventaires ; elles s'approchent en disant : Vivent les braves enfants de l'Empire ! Bonjour, les gentils pupilles du père la Violette. Elles voient nos œillets rouges. L'une des plus graves, belle poissonnière, nous adresse cette allocution : « C'n'est pas ça, mes enfants. Les œillets blancs sont enfoncés, pas besoin d'œillets rouges ! Il n'y a plus que c'te fleur en France... »

Des mannes paraissent pleines de violettes. — En v'là, répètent-elles à l'envi, pas d'gêne, mes enfants ! Et, enlevant les fleurs rouges, elles les remplacent par des bouquets de violettes, en nous embrassant. La mercuriale fut reçue de bonne grâce.

CHAPITRE VII.

LE LYCÉEN DEVANT NAPOLÉON.

Napoléon devait, dans une Assemblée nationale, appelée Champ-de-Mai, proposer un acte additionnel aux Constitutions de l'Empire.

A cette occasion, il y eut congé pour les élèves des établissements de l'Université.

Marie-Louise n'était pas revenue en France ; le cabinet autrichien la retenait à Vienne, ainsi que son fils le roi de Rome. La maîtresse. de broderie de l'Impératrice n'ayant pas été demandée au château, je n'y avais plus accès. Le 1ᵉʳ juin 1815, jour de la cérémonie, je courus aux Tuileries. Sachant que l'Empereur monterait en voiture devant le pavillon de l'Horloge, du côté du jardin, je me plaçai là dans l'espérance de le voir. Malheureusement les grenadiers de la Garde-Impériale avec leurs hauts et larges bonnets à poil formèrent une haie serrée qui m'enleva cette espérance. J'avisai alors un superbe oranger, et, au bon moment, je me glissai avec prestesse entre ses branches, sans souci du mal que je pouvais lui faire.

Perché dans mon observatoire, je m'absorbai dans la contemplation du palais. Au bout de quelques minutes, je me sentis violemment tiré par la jambe, je tournai mes yeux en bas et reconnus un adjudant du jardin qui m'ordonnait avec colère de descendre. Je me serais fait écharper plutôt que de quitter ma place ; aussi ma réponse fut-elle une série de coups de pied. — Polisson, voulez-vous descendre ! — Laissez-moi tranquille, je veux voir l'Empereur. — Descendez ! — Non, je veux voir l'Empereur. — Je vous mènerai en prison, drôle ! — Ça m'est égal, je veux voir l'Empereur. Et les coups de pied se succédaient avec une incalculable rapidité. Les cris de vive l'Empereur se mêlèrent soudain au bruit de mon altercation, puis cessèrent un moment. Le scandale de ma lutte continuait à l'apparition de l'Empereur ; l'oranger était à quatre toises du château, tout près du rang des grenadiers qu'il dominait. L'Empereur lève la tête, au bruit...... il a immédiatement reconnu son boursier du Lycée impérial. Alors, du doigt il fait un signe qui signifie *approche ;* la haie s'ouvre, je me précipite et je me trouve devant Napoléon.

La personne de l'Empereur était éblouissante ; bas de la plus belle soie, souliers, culotté, justeau-corps en satin blanc, garnis de diamants ; décorations brillantes sur la poitrine ; toque espagnole surmontée de plumes flottantes ; épée d'Austerlitz ornée du *régent* qui scintille d'un pur éclat ; enfin visage d'une rare majesté : cet ensemble de parure et de dignité était incomparable. Napoléon que j'avais vu si simple de vêtements, éclipsait ce jour-là les maréchaux et les grands oficiers de l'Empire. Il déployait une prodigieuse richesse de luxe. Le carosse impérial contenait le sceptre et la couronne. Un seigneur de la Cour posait, à mon arrivée, le manteau de pourpre semé d'abeilles d'or sur les épaules de l'immortel souverain.

— Mets ton chapeau, fais le salut militaire, dit l'Empereur. J'exécute son ordre, il sourit de ma pose et de mon geste exagérés. Il reprend d'un ton bref, d'une voix saccadée : — Que faisais-tu sur cet oranger ? Pourquoi n'as-tu pas obéi au gardien ? Il y a une consigne, il faut la respecter. Je me tenais immobile et en silence. — Allons, parle, je n'ai qu'une minute à te donner. Et sa physionomie redevient agréable. — Sire, je voulais vous voir. — Tu voulais, tu voulais ; nul homme n'a le droit de vouloir, pas même moi, ton Empereur. Ce n'était pas une raison pour violer une consigne. Puis, Napoléon, comme souriant à une pensée : Violer une consigne, c'est une faute grave. Frédéric t'aurait fait fusiller ! Je ne suis que Napoléon 1ᵉʳ, je n'ai pas l'honneur d'être le grand Frédéric, et je ne sais pas punir les fautes qui viennent du cœur.

Je tremblais de tous mes membres.

— Je te remets parfaitement, dit l'Empereur, tu es mon boursier de 1808. Comment se porte ta grand'mère ? Est-on toujours content de toi au Lycée ?

Le lycéen ne répondit rien.

L'Empereur se tourne avec vivacité vers la foule des généraux qui l'entourent : — Général, dit-il à l'un d'eux, faites monter cet enfant dans la troisième voiture ; il viendra avec nous à la distribution des aigles. Au Champ-de-Mai vous le placerez sur l'estrade ; il est utile qu'il ne perde rien de cette pompeuse cérémonie, il doit apprendre de bonne heure toute l'importance que nous attachons à nos glorieux drapeaux.

L'Empereur monte, après cette recommandation, dans sa voiture attelée de dix chevaux blancs et l'on entend tonner le canon des Invalides.

Me voilà donc, lycéen de quinze ans, assis sur les moëlleux coussins d'une voiture de la Cour, entre trois hommes célèbres sans doute, princes, ducs, comtes, couverts d'or, de crachats et d'étoiles. Quoique ces personnages m'adressassent de bienveillantes paroles, je leur répondis à peine, Je n'osai jamais m'informer de leurs noms. Le

bonheur me jetait dans une sorte d'anéantis-
sement.

L'Emperenr avait franchi la grille du Champ-
de-Mars, et la cérémonie s'annonça par les
salves de l'École-Militaire, auxquelles répondit
dans le lointain la vieille forteresse de Vincennes.
Sur une estrade en charpentes, élevée en avant du
château-caserne et couverte de tapis, un prêtre
célébra le service divin au milieu d'étendards
groupés d'une manière ravissante. Les drapeaux
furent bénis par le ministre du Dieu des armées.
Distant de l'Empereur d'environ six pas, je me
trouvais comme enfoui sous les aigles dorées et
sous la masse des drapeaux tricolores qui m'é-
blouissaient. Je ne perdis pas un détail de cette
majestueuse distribution d'insignes militaires.

L'Empereur, debout, était assisté de quatre
maréchaux. Chaque colonel, suivi de ses officiers
supérieurs et du porte-drapeau, venait poser le
genou devant l'Empereur qui prenait un drapeau
des mains d'un maréchal, et le donnait au chef de
corps en lui adressant une chaleureuse et brève
allocution. Ces étendards remis par la main et sous
le regard fascinateur du héros, produisaient un
enthousiasme indescriptible. Vieux ou jeunes,
ceux qui les recevaient ainsi consacrés, juraient
l'œil en feu, les moustaches humides de pleurs,
de défendre jusqu'à la mort ce symbole de la
gloire française. Le peuple répondait par des ac-

clamations formidables... il avait alors ses glacis au Champ-de-Mars. — La foule immense éprouvait une agitation, présage de l'impitoyable lutte qui allait couvrir l'Europe de nos débris, et la vertu guerrière jetait au ciel, dans le Champ-de-Mars, des accents qui ne devaient plus se renouveler sur la terre ! Quels souvenirs !... quels souvenirs !

Le défilé commença, animé par la musique militaire qui jouait des airs nationaux. Lorsqu'il regarda passer ces soldats au visage martial, ces phalanges à la marche fière et régulière, Napoléon manifesta lui-même de l'exaltation. Oubliant l'apparat de son costume, et la couronne et le sceptre, il trépignait de satisfaction. Il frappait des mains et disait : C'est beau ! c'est bien beau ! de tels soldats ne peuvent succomber que sous la trahison. Je défie l'Europe.

La revue a cessé ; quatre heures sonnent ; le canon annonce la fin de la cérémonie et le départ de l'Empereur ; les voitures s'avancent ; les maréchaux et les grands dignitaires se pressent autour du Souverain. Un chambellan vient me dire : Jeune homme, l'Empereur vous demande. Je suis poussé jusque auprès de Napoléon, qui, sur le point de descendre les degrés de l'estrade, m'adresse ces paroles : — Mardi, à neuf heures du matin, tu viendras me trouver aux Tuileries.

Amène ta bonne maman. Nous avons un compte à régler.

J'étais extasié, je ne répondis pas. Resté sur l'estrade, je vis disparaître successivement les voitures de la cour et les dignitaires de l'Empire, tous les régiments, tous les corps constitués, toutes les députations. Après que l'estrade et l'autel eurent été dépouillés de leurs plus riches ornements, l'intérieur du Champ-de-Mars fut livré à la foule ; les jeux, les danses, l'ascension aux mâts de Cocagne commencèrent pour ne se terminer que dans la nuit.

Préoccupé des paroles de l'Empereur et plein d'appréhension pour le compte à régler, je ne pensais pas à me retirer lorsqu'un officier-général ayant une jambe de bois, me frappe sur l'épaule et me dit affectueusement : Vous n'avez donc pas suivi l'Empereur? Sa Majesté a daigné vous parler avec bienveillance. Il y a tout-à-l'heure grand banquet à l'Ecole militaire, si vous voulez, je vous y conduirai. — Monsieur, je suis confus de votre bonté, mais je ne puis accepter. — Pourquoi? Je vous placerai près de moi. — L'Empereur m'a chargé d'une commission pour ma grand'mère. — Alors pourquoi restez-vous immobile? — Je dormais éveillé. — Adieu donc, jeune homme ; bonne chance ! et au revoir, s'il est possible. Je m'en allai. J'ai su depuis que ce vénérable militaire au visage balafré était le général Daumesnil, qui commanda Vincennes, et refusa d'en ouvrir les portes , après la réinstallation de Louis XVIII aux Tuileries.

CHAPITRE IX.

PROVISEUR ET MÉDECIN.

J'étais rentré le lundi soir au Lycée, après être convenu avec ma grand'mère qu'elle s'y trouverait le lendemain matin, à six heures. Au dortoir je racontai ce qui m'était arrivé. Les camarades se disaient : Est-il heureux!... Le papa la Violette l'a mené avec lui au Champ-de-Mai? Demain il va au château !... Que lui veut donc l'Empereur? Mon lit séparait ceux des deux frères Mesmer, fils d'un colonel des grenadiers de la garde et petits-neveux du célèbre docteur Mesmer. C'étaient de bons garçons, quoique un peu taquins. Mêlés aux officiers supérieurs et voisins de l'hémicycle au Champ-de-Mars , ils avaient suivi les phases diverses de la cérémonie militaire et m'avaient parfaitement reconnu derrière Napoléon. Curieux de savoir le pourquoi et le comment de mes entrevues avec le souverain, ils m'éveillèrent avant cinq heures, le mardi, pour se faire raconter encore mes aventures du grand jour.

Pendant l'étude du matin, les imaginations lycéennes, préoccupées de cette histoire, se détournaient des leçons du *rudiment*, des morceaux du *Selectæ* ou de Virgile à apprendre pour la classe du matin. On marmotait les racines grecques en se faisant à voix basse mille questions politiques. La pompe impériale éclipsait toutes les métaphores des auteurs ; chacun songeait à se procurer par les externes de gros bouquets de violettes. Les maîtres sévirent en vain contre ces distractions.

Six heures sonnent ; un instant après le concierge de notre division montre sa tête pointue à la porte de la salle d'étude et appelle : *monsieur Chailly au parloir ?* Tous les yeux se portent sur moi, on chuchote, on me fait des signes... ; mais en un clin d'œil je m'élance et cours à perdre haleine au parloir ; j'embrasse ma bonne maman parée de ses plus riches atours et nous montons chez le proviseur.

Ce n'était plus le bienveillant monsieur Champagne qui dirigeait l'administration du Lycée. M. de Sermant lui avait succédé, rigide observateur des règlements. Obtenir de ce haut fonctionnaire un congé extraordinaire passait pour chose impossible, hors des cas prévus, tels que le décès d'un père ou d'une mère, dûment certifié. Aussi étions-nous tremblants, ma bonne maman et moi, à la pensée de solliciter, sans titre authentique, la faveur d'une sortie un jour de travail.

M. de Sermant nous reçoit avec un abord glacial. Homme compassé dans ses manières, il dit à Mme Rousseau : il faut, madame, un motif bien grave pour me procurer si matin l'honneur de votre visite ; il faut au moins une cause bien sérieuse, pour venir distraire un élève de ses études, à toute autre heure que celle des récréations, car ces moments seuls sont réservés aux visites de famille. Veuillez donc me faire connaître le motif qui vous amène. En quoi, madame, puis-je vous être utile. — Monsieur le proviseur, je préfère que mon cher enfant parle lui-même. Mieux que moi il sait toute la portée de la faveur qu'il vient solliciter de votre bonté; je dirai seulement qu'il y va peut-être de son avenir, et que nous avons besoin d'être tous deux chez l'Empereur ce matin même à neuf heures. — Madame, je connais déjà cet ingénieux roman ; il m'est parvenu aujourd'hui dès cinq heures par le chef de la deuxième division. A cet égard, je dois représenter à ce jeune homme que tout émouvant qu'est son joli conte, il devra s'abstenir désormais d'en préoccuper ses camarades. Cela nuit au travail, et si pareille chose se renouvelait, je serais contraint de sévir — Monsieur le proviseur, ce que j'ai dit à mes camarades est la vérité ! Il est très-vrai aussi que l'Empereur m'a dit de venir le trouver ce matin à neuf heures... et — ici j'avais les yeux et le cœur pleins de larmes — surtout de n'y pas manquer. M. de Sermant se tourne vers ma bonne maman : Madame apporte probablement un ordre émané de l'Empereur ; devant cette volonté toute-puissante les réglements disparaissent.— L'Empereur à la cérémonie du Champ de Mai, pouvait-il prendre une plume pour cet objet ?

Ici un survenant attire notre attention, c'est M. Husson, le médecin du Lycée ; M. de Sermant lui indique un siége.

Madame, reprend celui-ci, je n'ai pas à dire ce que devait faire le souverain ; mais, plus que tout autre il tient à la discipline ; je désobéirais à sa volonté en violant la règle établie dans ses Lycées... Jeune homme, retournez à votre salle d'étude ;— et vous, madame, recevez l'assurance de mes regrets.

Mme Rousseau et moi nous demeurâmes anéantis... Toute une belle existence détruite par un simple *non* disciplinaire ! Cette réflexion était le bord d'un abîme pour l'excellente femme comme pour moi. Aussi l'injonction du proviseur me trouva-t-elle sourd, immobile et muet. Elle se serait renouvelée indubitablement ; mais M. Husson, spectateur intelligent de la scène, s'approche en hâte de moi, me tâte le pouls, remarque le désespoir de mon regard et la disposition convulsive de mes traits. Au moment où M. de Sermant va parler, il fait un signe et dit : l'excitation nerveuse est au plus degré chez cet élève ; elle menace de devenir foudroyante. Je ne considère nullement la cause, l'effet seul est constaté par moi. Au nom de l'humanité, accordez la permission qu'on vous demande : ma responsabilité médicale dicte cette ordonnance. Soit ! dit M. de Sermant ; j'ai fait mon devoir ; puisque le réglement est sauf, je signe volontiers l'*exeat*.

Il était sept heures et demie. Nous sortîmes avec précipitation et nous allâmes déjeuner au café *du Châtelet*.

Rendus aux Tuileries nous rencontrâmes d'autres obstacles. Ce ne fut qu'après des stations de longue attente, après d'instantes sollicitations auprès d'une suite d'intermédiaires, depuis le dernier gardien jusqu'au grand maréchal du Palais, que nous entendîmes articuler ces paroles : Jeune homme, suivez-moi ; madame, accompagnez votre fils ; Sa Majesté veut vous voir. Les portes s'ouvrent devant nous ; les officiers de service saluent au passage ; après cinq minutes de parcours, le grand maréchal pousse une porte, puis se retire, Alors je vois un homme en habit de chasseur, tête-nue : le Boursier est devant son Empereur !

CHAPITRE X.

UN MIRAGE.

Madame, asseyez-vous, dit Napoléon. Quant à
toi, approche de ce bureau ; j'ai un papier à te
faire lire ; nous avons un compte à régler ; prends
ce papier et lis haut, ce sera justice de ta paresse.
Reconnaissant l'écriture de notre proviseur je
pensai que le rapport devait être foudroyant contre moi, et je restai immobile, la langue comme
attaché au palais, le front couvert de rougeur.
Lis, répète l'Empereur, lis vite et bien ! ne bal-
butie pas, ne saute pas une phrase, pas un mot ;
je sais ce rapport par cœur à cause du mécontentement qu'il provoque en moi. J'avais compté sur
plus d'intelligence, et surtout sur moins de paresse. Lis, je te l'ai ordonné : ce sera ton châti-
ment.

Je lus : « Sire, le jeune élève C..., auquel Votre Majesté daigne s'intéresser me semble loin d'être digne de votre haute faveur. En compulsant les feuilles hebdomadaires, je lis sur chacune d'elles *travail nul*; et cette continuité d'inertie date du mois de mai 1814. Depuis dix mois, ce jeune élève fait tapisserie sur les gradins de nos classes. Si Votre Majesté ne daignait pas l'entourer de sa protection, je l'aurais renvoyé à sa famille ; car cette constance d'inertie est d'un pernicieux exemple pour ses camarades. Sire, j'attendrai les ordres qu'il vous plaira de me donner à cet égard. Veuillez croire à l'assurance du profond respect, etc., de Sermant. » Dicte-moi la réponse que je dois faire à ton proviseur..... Depuis dix mois..... l'Empereur réfléchit en répétant ces derniers mots. Soudain son regard se noie de douceur et d'amour, il vient à moi les bras ouverts ; il me presse contre sa poitrine en m'embrassant et il dit encore... Depuis dix mois ! Pauvre enfant, ton proviseur n'entend rien au cœur humain, ni à la reconnaissance ; il est froid comme la lettre d'un réglement. — Ma grand'mère ne pouvait tenir en place, d'émotion. Rasseyez-vous, madame, continue l'Empereur. — Sire, votre bonté me confond.

— Vous n'êtes pas au bout. Pauvre enfant, pauvre enfant, mon absence te pesait donc bien au cœur ? Comme le chien fidèle privé du maître qu'il aime, tu ne voulais plus du pain de l'intelligence. Je te serai un maître reconnaissant et bon. Tu as quinze ans, je crois ; reste encore une année au collége ; profite de tes études ; à seize ans, tu seras page de l'Impératrice ; à dix-huit ans tu entreras à l'école d'Etat-major ; et, lorsque l'âge sera venu, tu me suivras à la guerre. Je te chargerai de missions difficiles et périlleuses, tu t'en tireras avec gloire et bonheur comme tant d'autres ; ton nom se rattachera aux illustrations de l'Empire ! Adieu, travaille, et rappelle-toi ma promesse.

L'Empereur avait disparu. Ma bonne maman et moi nous pleurions dans les bras l'un de l'autre. Le mirage d'une brillante destinée s'offrait à notre pensée ravie ; le lieu où nous nous trouvions ne permettait pas le doute à notre espérance.

Le lendemain M. de Sermant me fit appeler. Il me dit avec une gravité contrainte : « Vous allez de la troisième classe retourner à la cinquième, c'est-à-dire descendre de deux classes ; je vous recommanderai au professeur. Tout cela est contraire aux usages du Lycée, est contraire aux règlements ; mais une volonté toute puissante me prescrit ma conduite : tâchez de mettre à profit une telle faveur. »

La signification mi-sévère, mi-bienveillante du proviseur fit sur moi une très faible impression. Une seule chose me touchait, s'emparait de mon être, c'était la bonté de Napoléon. Je me mis à l'étude avec ardeur, j'eus des succès, je ne quittai plus le banc d'honneur ; on me proposait comme exemple. Les jours de sortie étaient des jours tristes à mes yeux, parce qu'ils interrompaient mes études. Une pensée unique était fixe en moi : l'Empereur m'avait ordonné le travail !

Hélas ! mon Empereur fut entraîné à sa perte, et Waterloo répandit le deuil sur mon intelligence comme sur mon cœur. La perspective d'une belle existence me manqua, je redevins un déclassé. Je serais peut-être devenu fou, si je n'eusse recueilli une étincelle d'espérance au fond de mon cœur.

Le drapeau blanc avait reparu au milieu des étendards accourus des quatre points cardinaux de l'Europe. L'immobilité était prescrite au plus mobile des peuples, un opium moral devait engourdir son âme. J'appris que mon père adoptif était séquestré loin du monde ; et le désespoir baignait mes yeux de larmes chaque matin, chaque soir, chaque nuit, en songeant qu'on avait placé un tourmenteur auprès de lui. O mon bienfaiteur, ô Napoléon, tu gémis loin des rivages de notre France ! loin de cette terre de dévouement, qui tressaille aux grandes idées... Oh ! tu gémis dans le mystère de ton être ; tu pleures, tu te sens mourir loin d'elle ! Espère encore, mon héros, toi qui, meilleur que les autres monarques, *ne savais pas punir les fautes du cœur !* Espère... oui, espère !

CHAPITRE XI.

ROCHEFORT. — LE FOU DE L'EMPEREUR.

Celui pour qui j'aurais voulu mourir s'était éloigné de la France sur un navire étranger. Il avait emmené de fidèles amis, parmi lesquels se trouvait Emmanuel Las Cases, jeune homme de mon âge et mon condisciple du collége Louis-le-Grand. Cet Emmanuel Las Cases, qu'il était privilégié du ciel ! J'aurais donné la moitié de mon sang pour prendre sa place. Je l'avoue, j'éprouvai les tortures de l'envie, je fus bien malheureux !

Je quittai le collége après d'incomplètes études littéraires, mais connaissant les mathématiques. La société m'appelait ou plutôt me laissait entrer dans son sein pour remplir les fonctions auxquelles j'étais apte. Quelles devaient être ces fonctions ? Je l'ignorais, car la honte de ma naissance était pour moi une pierre d'achoppement. Et puis le fatal exil de l'Empereur m'avait jeté dans une monomanie de tristesse.

Il était à Sainte-Hélène !

J'avais dix-huit ans passés. Le choix d'une profession m'embarrassait ; plusieurs semblaient m'offrir des avantages, mais je n'avais goût à rien en dehors de ma chère préoccupation. Je m'engageai dans l'artillerie de la marine. « Un jour peut-être, me disais-je, les flots me porteront vers Sainte-Hélène... cette roche sacrée me montrera Napoléon... et, si... Oh ! quel ravissant espoir ! Allons sur la mer, allons, allons sans cesse ! » Et mon âme vécut de ce rêve jusqu'à son imparfaite réalisation

Au printemps de 1820 je me trouvais à Rochefort, dans ce foyer de miasmes qui enfièvrent les habitants au point de donner un aspect cadavéreux à une population entière. Là se passa le premier drame des souffrances morales de Napoléon. L'histoire a mal enregistré, ou n'a pas enregistré certains faits qu'il m'appartient d'exposer dans leur vrai jour.

Soldat de la marine, je vivais avec des gens illettrés, dont les manières blessaient mes principes d'éducation. Ils me paraissaient incapables de comprendre mes sentiments. Je rappelais parfois, soit au cabaret, soit à la caserne, en petit comité, les souvenirs du lycéen boursier de l'Empereur ; des camarades racontaient à leur tour les souffrances qu'ils avaient endurées sur les pontons anglais, depuis la bataille de Trafalgar jusqu'à la paix de 1814. Ces récits, pleins de merveilles inconnues, c'était nos *Mille et une nuits*. Nous trinquions en silence et tout était dit.

Un gros Breton de ma chambrée, nommé Dobi, se tenait d'habitude appuyé sur mon lit, qu'il affessait sous ses bras herculéens ; et il se montrait religieusement attentif à ma narration. Ce Breton me priait de continuer lorsque je terminais un épisode. — Père Dobi, je suis à la fin. — Recommencez. Je recommençais, car mon passé était un enchantement pour moi comme pour Dobi. En achevant une seconde fois, j'ajoutais : J'ai tout rapporté, aucun détail ne manque. — Alors, recommencez ! — Père Dobi, allez vous coucher, vous avez d'anciennes douleurs contractées sur les pontons.—Recommencez, j'écoute toujours et n'ai aucune douleur. Je reprenais infatigablement ma narration ; et Dobi demeurait encore immobile sur ses coudes, sans geste, sans mouvement de sourcils. Le roulement de l'extinction des feux se faisait entendre... on se taisait pour laisser venir le sommeil.

Une fois le marin breton me dit : Demain, si vous voulez, nous nous promenerons ensemble au jardin public ; vous me raconterez votre histoire, n'est-ce pas ? et moi, je vous raconterai ce que vous ne savez pas. Bonsoir.

Le lendemain nous nous trouvions sept autour d'une gamelle à dix heures du matin. Le hasard voulut que Dobi et moi fussions vis-à-vis l'un de l'autre, nous parlant des yeux plutôt qu'occupés de notre repas. Le vieux soldat était si absorbé que chacun disait : Qu'as-tu donc, Dobi? — Je n'en sais rien, répondait Dobi ; mais, vrai que j'ai quelque chose... — Et ses yeux suivaient les miens, et il semblait écouter encore ce qu'il avait entendu tant de fois, sa bonne figure, inquiète et comme en expectative, faisait peine à voir. Dobi était marin intrépide, doué d'une telle force qu'il levait avec facilité une pièce de canon et la replaçait sur son affût. Son regard n'avait pas d'expression, sa parole était rare ; mais, quoiqu'il fût peu communicatif, comme on le savait incapable d'une mauvaise pensée, on l'affectionnait sincèrement.

Selon notre promesse nous nous réunîmes au jardin public. Nous marchâmes côte à côte ; Dobi prit la parole : — Voilà vingt minutes que nous marchons sans souffler mot ; pourtant nous avons la même idée, notre cœur est pour le même homme !.... Quoiqu'il y ait des couleuvres sous l'herbe, asseyons-nous ici... Vous voyez à la gauche de l'hôtel de la Marine, ce belvédère vitré? — Oui. — Devant ça, dites encore votre histoire. — Pourquoi? — Pourquoi !... eh bien, ce pigeonnier, c'est la dernière demeure, en France, de celui que vous aimez tant, et moi aussi. Quand vous racontez à la caserne, il y en a qui disent : Le *Parisien* est un blagueur ; l'Empereur avait autre chose à faire qu'à s'occuper d'un petit bâtard... Je vous crois, moi ; ça me fait du bien de vous entendre. Ce serait mal de me tromper... Oh ! vous ne me trompez pas, jeune homme... ? — Je vous jure, Dobi, que tout est vrai. — C'est bon, merci ; dites. Après, je dirai.

Mon histoire, ma seule, ma triste histoire est narrée de nouveau dans ses détails. Je cesse de parler ; Dobi reprend.

« Si je comprends bien, vous vous êtes engagé dans l'artillerie de la marine, parce que vous espérez faire une campagne du côté de Sainte-Hélène. Possible que oui, possible que non. Notre frégate en croisière depuis deux ans, va être relevée par la *Zénobie* ; douze hommes de notre compagnie y seront détachés ; le tour d'embarquement n'ira pas jusqu'à vous, qui êtes le dernier venu. Je vous conseille de permuter avec notre perruquier toujours malade en mer, même par la marche grande largue où le sabot ne bouge pas plus que ma main. »

Dobi se tait ; il lève la tête, et son regard ne quitte plus le belvédère, comme pour y puiser des souvenirs. Je n'ose interrompre son recueillement, dont il sort en disant :

« Oui, c'est de là qu'il est parti pour se rendre sur le *Bellérophon*, pour se livrer aux Anglais. Du moment que l'Empereur fut arrivé à Rochefort, il eut pour résidence l'hôtel de la Marine et pour garde d'honneur cinquante artilleurs de marine. On avait pris d'anciens soldats ayant souffert sur les pontons , parce qu'on croyait en faire des sbires. Mais, pas de ça, avec les troupiers français.... Il y a de l'honneur dans nos poitrines !.... Les vieux artilleurs devinrent la garde impériale de Napoléon. Respect, dévouement ! fut le mot d'ordre de notre pensée. On eut l'idée de mettre à notre place les conscrits de 1811, 1812, 1813 ; mais bast ! à Lutzen, à Bautzen, et pendant les campagnes de France, ils avaient vu Napoléon à l'œuvre : ils l'auraient plutôt enlevé que de le laisser partir en exil. On se doutait de cela, en haut lieu ; nous conservâmes donc notre poste, envié par les jeunes soldats. Nous étions sans officiers, aucun n'avait consenti à être geolier.

« On nous avait laissés maîtres de nos actes. Aussi un beau matin, nous ôtâmes la couronne royale et les fleurs de lis de nos schakos ; nous attachâmes à une hampe un drapeau tricolore que notre tambour tenait caché dans sa caisse, et nous nous présentâmes dans la chambre à coucher de l'Empereur. Il pleura de surprise, de joie, et nous embrassa tous. Depuis ce jour, chaque matin nous défilions la parade, là, sur le terrain de la Corderie, au-dessous du belvédère, et Napoléon en saluant notre drapeau pouvait encore se croire au

Carrousel. N'était-ce pas une honnêteté à lui faire?
— Mais.... — Ne m'interrompez pas, je ne saurais plus dire. Donc, les autorités du port ont supporté cela. En nous punissant comme révoltés contre Louis XVIII, ils auraient jeté une étincelle sur la poudre. La population du port, les ouvriers de l'Arsenal, tous les loups de mer étaient pour l'Empereur. On aurait vu un tremblement terrible. Ah !.... la France serait revenue à notre Empereur ; et puis, et puis.... Bref, on ferma les yeux, et nous nous en donnâmes tout à l'aise.

« Pour lors, nous voilà comme la famille de Napoléon. C'est là que j'ai connu celui que vous regrettez. Combien il était bon ! Nous pauvres vieux soldats, abrutis par la prison, il nous aimait comme ses enfants. Le croiriez-vous ? son bonheur était de partager notre soupe ; de prendre aussi deux ou trois d'entre nous à sa table. Il avait bien comme compagnons plusieurs généraux , mais ses paroles étaient moins douces pour eux que pour nous. Voulez-vous que je vous dise ma pensée tout entière ? Napoléon n'était pas un homme ; c'était.... je ne puis dire ce qu'il était, ce qu'il est encore.... car il reviendra, n'en doutez pas ; il est revenu de l'Ile-d'Elbe. Si un jour la méchanceté des rois fait courir le bruit de sa mort, ils auront menti. Il faut être homme pour mourir, et celui-là n'est pas un homme. Il peut remonter au ciel, aller je ne sais où ; mais un jour ou l'autre il reviendra veiller

sur la France qu'il aime tant. Moi , vieux Breton ,
je crois que c'est l'ange Michel, protecteur de la
France. Dieu lui a dit : Va voir ceux que tu aimes.
Son temps de permission est expiré. Il n'est pas,
il ne peut pas être à Sainte-Hélène ; il est là-haut,
dans sa grande caserne de nuages ; notre vue est
trop petite pour le voir, mais soyez certain de ce que
je dis. Oh !... moi, j'espère que je le verrai bientôt.
Dobi n'est pas fou, comme ils prétendent ; Dobi
sait qu'un homme n'est qu'un homme et ne peut
que ce que peut un homme. Si les autres ne com-
prennent pas cela, c'est qu'ils sont bien bornés.
Mais l'heure de l'exercice approche , retournons à
la caserne, ne manquons pas à nos devoirs : nous
reviendrons demain. Saluons ce belvédère !... Demain vous saurez tout ce que Dobi a souffert, tout
ce qu'il souffre depuis quatre ans et vous aimerez
un peu celui qui adore l'Archange. »

Nous nous dirigeâmes vers le quartier. Le bon
Dobi avait le visage animé , on y lisait un conflit
entre les souvenirs qui l'assaillaient et le sentiment
du devoir, ferme en lui, mais sur le point de s'éva-
nouir.

CHAPITRE XII.

LE VAISSEAU LE BELLÉROPHON.

Le lendemain Dobi continua son récit vis-à-vis du belvédère, après l'avoir salué.

« Les jours passaient et rien n'était changé dans notre situation. On n'osait pas nous remplacer ; on n'osait pas nous punir de notre révolte faite à bas bruit. Est-ce qu'il y aurait eu des soldats français capables de malmener l'ange des batailles ? .. il s'ennuyait, lui, pour de bonnes raisons. D'abord cinquante soldats, ce n'était rien pour celui qui couvrait de ses régiments plusieurs lieues de terrain. Ensuite on ne lui envoyait pas d'argent ; il faisait son ordinaire avec la vente de sa vaisselle. Et puis pas de journal à lire, hors ceux que nous allions chercher en cachette avec son or. Il était bien malheureux, plus à proportion que nous sur les pontons sales de Portsmouth. Dieu ! que je souffrais de tout cela !... Je ne sais pas lire, je ne savais pas ce qu'il y avait dans les feuilles ; mais je voyais l'Empereur les froisser avec colère en s'écriant : « Les misérables !... » Moi, si j'avais tenu ses bourreaux entre mes mains, *torriben !* (1) Je les aurais étouffés !...

« Un jour, par la marée haute, nous vîmes descendre en Charente un vaisseau anglais, qui jeta ses ancres dans la vase presque en regard de l'entrée de la Fosse-aux-Mâts. C'est le *Bellérophon.* Il déploie son pavillon avec insolence et l'assure par un coup de canon. L'Empereur et nous, nous regardions avec indignation ce vaisseau mouiller comme en pays conquis. Un mot de Napoléon, quelques chemises soufflées, et nous eussions châtié cette insolence. Mais Napoléon ne laissa pas échapper une parole, et nous fûmes calmes devant l'affront.

« Le lendemain matin, l'Empereur nous fit venir ; il dit au plus âgé des sous-officiers : va au port marchand acheter une flamme de parlementaire ; tu paieras ce qu'on te demandera. La commission fut vite faite. Nous nous plaçâmes en cercle autour de l'Empereur. Notre vieux sergent lui présente respectueusement le chiffon de malheur

---

(1) Exclamation celtique en usage dans la Bretagne pour exprimer un sentiment de colère, d'indignation.

en disant : Pardon , Sire ! nous avons été sur les pontons... il y a de la trahison peut-être ?... Silence ! dit l'Empereur, et il ajoute : Vous me suivrez ; ceux qui craignent d'être prisonniers peuvent rester ici. Cinquante voix firent trembler la salle de ces mots : Nous irons tous ! Il nous répond : Artilleurs, je suis content de vous. Placez à cette drisse la flamme de parlementaire. Bientôt la question sera décidée.

Un canot anglais portant en poupe le pavillon parlementaire piqua vers nous quelques instants après. L'officier qui le commandait dit en abordant : — Quel service le général Bonaparte réclame-t-il du gouvernement de la Grande-Bretagne ? — Un formidable cri de vive l'Empereur fait justice de cette qualification de général. L'Empereur s'approche et répond : — Ce n'est pas général qu'il fallait dire, jeune homme ; c'est soldat ! J'ai droit à ce titre Allez dire à votre commodore, que le plus vieux soldat de la France demande une place au foyer britannique pour lui et quelques-uns des siens.

L'officier ne tarda pas à reparaître avec cette réponse : « Le commandant le vaisseau le *Bellérophon*, en qualité de représentant de l'Angleterre accède à la demande du général Bonaparte. Le général peut emmener douze personnes de sa suite et douze hommes de sa garde. Le général seul conservera son épée ; ses compagnons remettront leurs armes. » J'accepte, dit Napoléon.

Les artilleurs se placent sur un rang ; ils sont comptés ; chaque cinquième est pris pour suivre l'Empereur. Le sort me favorisa.

Le lendemain nous fûmes embarqués sur le *Bellérophon*, qui fut remorqué, à la marée haute, par la chaloupe et le grand canot, et remonta en rade de l'île d'Aix. Le vent se fit après quatre jours d'attente et nous nous mîmes en route.

« Le *Bellérophon* filait vent arrière depuis une demi-heure, lorsque subitement il met en panne. Il pouvait être sept heures du soir. Le détachement de l'Empereur est réuni sur le pont, et on nous signifie que notre présence n'étant pas indispensable au général, nous allons retourner à Rochefort. Nous aussitôt de nous élancer vers la chambre de Napoléon pour prendre ses ordres.... mais une force imposante nous arrête, sa porte est gardée, il est déjà prisonnier dans l'asile accepté par lui. Nous fûmes jetés au grand canot au milieu d'un mouvement confus..., et je ne sais plus ce qui se passa. Le lendemain, j'étais naufragé sur la grève de l'île d'Oleron, les habits trempés par l'eau de la mer, les membres brisés par la fatigue.... D'après ce qu'on me rapporta, en voyant fuir le vaisseau qui enlevait mon Empereur, je m'étais jeté dans le sillage, j'avais fait effort pour atteindre le navire... les Anglais avaient tiré sur moi plusieurs

coups de feu... j'avais nagé toujours, toujours
avec désespoir sous les vagues.... on m'avait sans
doute repêché. Ensuite, je m'étais reconnu dans
un cabanon de l'hôpital, maintenu par la camisole
de force. On m'avait traité comme un fou furieux,
en me voyant tordre les barreaux de ma fenêtre.»

En achevant sa narration confidentielle, Dobi
ajouta : Aujourd'hui il fait bien chaud, n'est-ce
pas? J'ai la tête lourde, on croirait que j'ai bu. —
la soirée est fraîche, la nuit approche. — Allons
vite à la caserne. Le détachement de l'Empereur
va partir, et je suis désigné pour en faire partie...
Cette fois, je vous le jure, ils ne l'ôteront pas de
mes mains... N'en dites rien à personne, ou je
vous étoufferai... Je brûlerai le vaisseau anglais,
j'attacherai l'Empereur sur mes épaules et je le
ramenerai à son belvédère...!»

Dobi faisait peine à voir : il avait l'écume à la
bouche ; ses yeux sortaient de l'orbite ; et se dé-
menant comme pour exécuter son projet, il mar-
chait par soubresauts avec tant de vélocité que je
le suivais difficilement. Si je tentais de modifier
son allure, il me repoussait d'un air brusque,
m'accusant d'être d'accord avec les Anglais, de
grosses larmes roulaient entre ses paupières, il
était pantelant. Ce tableau me déchirait le cœur.
Nous fûmes promptement arrivés à la caserne. On
laissa entrer Dobi en silence ; et, quand il se fût
engagé entre les lits de la chambrée, une grande

et lourde couverture fut jetée sur lui, car on re-
doutait sa force de taureau ; on le lia et on le
transporta à l'hôpital de la marine.

Notre sergent-major, homme juste et plein de
bon sens, me fit appeler à la chambre de détail et
me dit : « Jeune homme, évitez désormais de raconter votre histoire devant Dobi ; ce brave soldat
est fou de l'Empereur, depuis le jour où sur le
Bellérophon il s'en est vu inopinément séparé. Il
a été traité pour plusieurs accès. Lorsqu'il rappelle
les détails du séjour de Napoléon à Rochefort, ses
camarades le laissent parler, puis s'éloignent l'un
après l'autre ; et quand il se trouve ainsi isolé, il
demeure calme. Mais si, par des questions, par
une expression de sympathie on excite son imagi-
nation, alors sa tête prend feu. N'oubliez donc pas
la défense que je vous fais et que je regrette de ne
pas vous avoir faite plus tôt. »

Les vieux artilleurs me confirmèrent ce que le
sergent-major avait dit, tout en certifiant l'exac-
titude des faits rapportés par Dobi avec une par-
faite véracité.

Deux mois après la scène du jardin public,
Dobi devenu tranquille, mais pour lequel on craignait une rechute, fut envoyé dans une maison
d'aliénés à Aix.

Quant à moi, j'étais inscrit pour embarquer sur
la corvette la *Zénobie*, destinée à la croisière de
Sainte-Hélène.

CHAPITRE XIII.

LA FRÉGATE LA ZÉNOBIE.

Nous appareillâmes au commencement d'octobre 1820. Une brise N. E. nous poussa au large et devint d'une violence extrême. La frégate n'avait ni la force de rentrer en rade, ni celle de louvoyer avec avantage ; une brume tomba sur nous, la nuit survint, le vent souffla à tout derelinguer. C'était de mauvais présage pour la campagne que nous commencions, du moins aux yeux des matelots. La *Zénobie* tournait sur la vague et ne tenait plus la toile. Le porte-haubans de tribord à l'avant fut emporté.

Au petit jour le vent s'était apaisé, nous étions en plein golfe de Gascogne. Vers huit heures il y avait calme plat. Le temps était lourd ; les marins expérimentés avaient l'air inquiet ; les canons demeuraient fortement amarrés. Maître Lépissoir, ancien calfat, dit en secouant la tête : Nous serons mouillés comme *Turlutine*. — Pourquoi cela, dit un novice. — Parce que, reprit maître Lépissoir à voix basse, nous allons faire une mauvaise action. — Quelle mauvaise action ? — Approche, que je te confesse. La *Zénobie* fait route pour Sainte-Hélène ; elle va servir d'aide aux guichetiers de l'autre ! — C'est vrai, maître.

Un point noir avait paru à l'horizon ; un grain menaçait. Double ration de café, d'eau-de-vie et de biscuit avait été distribuée aux gens de l'équipage. L'état-major avait pris un repas par provision.

Les jeunes marins questionnaient les anciens. — Maître Chastel, le grain a grossi bien vite : est-ce une trombe de vent ? est-ce une trombe d'eau ? — Maître Lépissoir, que voyez-vous dans le nuage ? — Enfants, si vous croyez au bon Dieu, priez ! Je vois au milieu du grain un tombeau ombragé d'un saule, c'est le tombeau de l'Empereur, mort à Sainte-Hélène, le grain s'en vient vous le dire. — L'Empereur ne peut pas mourir, répondis-je aussitôt. — Que dit le Parisien !... conscrit, tu te refuses à l'évidence ; quand tu seras dans un tombeau, toi, est-ce que tu ne seras pas mort. — Maître Lépissoir, après la tempête, si nous sommes vivants, je vous dirai pourquoi l'Empereur ne peut pas mourir et pourquoi ce nuage a menti.

Un long coup de sifflet coupa court à nos propos.

— Silence à l'équipage !

— Pare à la manœuvre !

— Largue et serre les voiles !

— Amarre la barre du gouvernail !

— Pare la voile de sauvetage !

L'équipage en entier couvre les échelles et les vergues ; chacun prêt à l'action reste attentif aux signes et à la voix du commandant, arbitre suprême de la situation.

A peine les dispositions sont-elles prises que la frégate vire sur elle-même, rien ne peut plus la maintenir. Un gabier à l'enpointure de tribord est emporté par la mer.

— Un homme à la mer !

— Jette la bouée !...

Mais une lame furieuse couvre le pont du navire et exerce du ravage en passant avec impétuosité ; elle n'est pas encore écoulée qu'une seconde vague, plus grosse, enlève et fait tout disparaître sous sa masse...

La pouilleuse et les rampes de support ?

Ce commandement est exécuté avec la plus grande difficulté ; car la frégate tourne comme une toupie d'Allemagne ; les lames se succèdent l'une sur l'autre et nous inondent ; elles frappent d'un choc terrible les bastingages...

— Avarie !...

La lame en déferlant a emporté une toise du

plat bord et trois hommes qui tenaient fixes les rampes d'appui...

— Voie d'eau à la cale !

— Les calfats à tribord de la Sainte-Barbe !

— Huit hommes aux pompes !

Cette manœuvre est servie d'une manière insuffisante, parce que les lames ont emporté quatre hommes et que les pompes en occupent douze. Nous sommes toujours en danger. Le commandant, son porte-voix à la main, est attaché par le milieu du corps au mât de Beaupré ; l'officier de quart est amarré à son échelle d'observation.

Maître Lépissoir et ses calfats réparent activement la voie d'eau ; les charpentiers, au milieu de la tempête qui les renverse à chaque instant, travaillent sans relâche aux bastingages ; l'ordre règne dans ce formidable bouleversement.

Pendant la durée du grain, une ample sphère de vapeurs d'eau agitées par le vent, nous ravit la vue du soleil. Si la trombe se fût prolongée, c'en était fait de nous. Mais le navire cessa de pirouetter ; il ne conserva plus que du roulis et du tangage, et nous résistâmes à la mer. La barre a été détachée ; elle est maintenue par quatre hommes, qui gagnent un 32$^\mathrm{e}$ à chaque effort de la roue. Malgré la houle nous reprenons notre direction. On constate que la tempête nous a rejetés en sept heures à quatre-vingts lieues en dehors de notre route.

CHAPITRE XIV.

Nous sommes au trente-septième jour de naviga-
tion ; il y en a trois que nous avons passé la ligne ;
nous avons le cap sur Sainte-Hélène : l'aiguille est
invariable sud quart-est. La *Zénobie* est une fine
marcheuse, avec son avant aminci en nageoire et ses
mâts couchés comme ceux d'une tartane. La marche moyenne est de treize nœuds. Encore quelques
jours, et la vigie signalera la roche isolée où il lan-
guit, ce soldat français qui arrachait la couronne
de la tête des rois et la leur replaçait, selon sa volonté, selon les exigences de la générosité et de la
prépondérance françaises.

Affalé à la fosse aux lions, c'est-à-dire au poste
des maîtres, je songe à celui dont chaque minute
me rapproche. O Napoléon, il a grandi ce cœur
que tu remplissais de félicité, et il traverse aujour-
d'hui les océans pour déposer à tes pieds son tri-

but de reconnaissance. Quand je t'aurai vu, mon bienfaiteur, je mourrai content. A cette pensée si bonne se joignait celle de délivrer l'Empereur. Oh! si cela se pouvait....! Mais... consentirait-il?... Essayons... Sire, je viens..., — Silence! dit maître Lépissoir , en interrompant mon monologue; les caïmans qui ronflent à notre alentour ne doivent pas connaître ton projet... — Maître Lépissoir, croyez-vous à présent qu'il soit mort!... — Enfant, tu as raison... je sens là... dans ma poitrine, que nous le verrons. Je n'ai pas une idée aussi triste que le jour du grain. — Maître dès que nous serons en croisière, il nous faut, vous et moi, aller le trouver. Nous lui dirons : Sire, venez, la *Zénobie* est à votre service avec ses marins et les artilleurs de Rochefort... — Tu es un brave cœur, ta reconnaissance me remue. — Maître, votre parole de Breton?—Je te la donne. Écoute. Maître Simon Labouline, notre second d'équipage a été avec l'autre dans les sables, dans la neige... C'est un fidèle, celui-là! Il aura un canot; sois tranquille... je me charge du reste. — Merci! — A présent, c'est dit. Ne clapotons rien au dehors; car la cocarde blanche ne balance pas quand elle a peur...!

Maître Lépissoir, maître Labouline et moi, nous évitions de nous parler, mais nos regards se rencontraient étincelants d'espérance; nous ne formions qu'une âme.

Trois semaines se succédèrent.

Un soir la vigie a crié, terre ! le pilote a répété, terre ! sud-quart-est ! Nous étions à vingt lieues marines de l'île maudite ; malgré la brume on en aperçoit le sommet.

Amène bonnettes de tribord !

Arride toutes voiles !

Cette manœuvre faite pour ne pas aborder de nuit nous continuons notre route. Le lendemain, dès l'aube, nous voyons les navires étrangers en croisière. Après que le pilotin eut piqué la demie de six heures, nous déployons le pavillon blanc et nous saluons le stationnaire anglais.

La *Zénobie* est assez fatiguée pour avoir besoin de reposer sur ses ancres ; on sonde le mouillage.

Neuf brasses, sans fond !

Sept brasses, sans fond !

Six brasses, fond d'herbes !

Quatre brasses et demie, fond de roches !

— La barre à babord ! N'arrivons pas !

— Cinq brasses un tiers, fond de sable !

— Mouille !

Les ancres tombent ; les voiles sont serrées. Les officiers montent sur le pont avec les cartes et l'octant ; ils relèvent la position de l'île. Après cinq minutes de calculs et de recherches tous s'accordent à dire : Sainte-Hélène, 11° 11′ de longitude ; 16° de latitude méridionale.

Il est neuf heures du matin.

Le versant de l'île qui nous fait face est éclairé par le soleil. On voit avec netteté sur le plateau Napoléon debout, sa lorgnette à la main ; tous les fronts se découvrent et s'inclinent... un frémissement de respect parcourt nos âmes... — C'est lui ! — C'est lui ! — C'est lui !...

Deux jours se sont passés. Le vieux maître ne m'a plus rien dit ; quand mon regard l'interroge, le sien me contraint au silence.

A la mer le grand canot !

Embarque les grands canotiers !

La garnison de repos, et quatre gabiers pour refaire l'eau ! Bientôt les tonnes d'eau sont mises au canot ; je m'entends désigner pour aller à terre.

Nous partons sous le coup d'aviron de huit vigoureux nageurs. Maître Lépissoir fait fonction de bas-officier, il est chef de corvée ; le second maître d'équipage, le vieux soldat Labouline, est patron du canot. Le trajet est d'un quart-d'heure, pendant lequel le silence n'est troublé que par les mots du commandement. Nous touchons le rivage.

Deux gabiers à la garde du canot !

Tout le monde à terre, à la corvée d'eau !

Le mouvement s'opère avec rapidité ; les caisses sont portées sous les premiers pins des rochers.

A vos rangs !

Le maître et le second font face au peloton, qui se compose de quatre soldats et de deux marins. Le second nous adresse cette allocution :

« Marins de la *Zénobie*, le plus brave soldat du monde est là ! il nous attend pour le délivrer. Maître Lépissoir va lui dire que nous sommes ici. Le plus jeune artilleur, — il me désigne — et pour cause, l'accompagnera et portera la parole. Le temps presse, allons, leste ! les enfants ! — Il ajoute: Ceux qui craignent quelque chose peuvent se retirer, il ne leur sera rien fait. »

Nul ne bouge. Maître Lépissoir et moi nous pénétrons dans un fourré. — Boursier, ai-je bien mené la barque ? — Oui, maître. De la prudence, jusqu'à la fin ! — Oui !...: Les peaux rouges sont en observation ; dire qu'il faut se cacher... ! — Chut ! — Est-ce qu'on nous a vus ? — Oui, mais c'est une jeune fille, toute jeune... Elle nous fait des signes d'un air mystérieux... Oh ! maître, elle nous montre l'Empereur, là !... dans un massif plus vert et plus frais que les autres... la charmante enfant sourit... N'en doutons pas, il est près de nous !

Nous avançons de quelques pas, deux personnes paraissent, Napoléon et M. de Montholon.

Que faites-vous ici ? Vous a-t-on permis de quitter le navire ? Embrassez-moi, soldats venus de la France, et retournez où le devoir vous appelle... — Sire, les marins de la *Zénobie* sont à vos ordres. — Fût-ce pour me sauver, je refuserais... C'est une désertion. Je l'ai dit autrefois, ce mot n'est pas français. — Sire, votre ancien boursier vous supplie ! — Je m'étais agenouillé ; l'Empereur me relève, m'embrasse, et presse cordialement la main calleuse du calfat ; puis, il dit : Les destinées ne le veulent pas ; l'action de la mort est commencée pour moi ; ce qui me reste à vivre ne vaut pas de nouvelles révolutions, ni une goutte du précieux sang de la France. »

Napoléon s'éloigne, après avoir prononcé ces paroles. L'âme contristée nous redescendîmes au mouillage, porteurs de cette fatale nouvelle : Il n'a pas voulu !

CHAPITRE XV.

CONCLUSION.

Il n'a pas voulu!... Mon histoire est terminée là. Lorsque, six mois après, le bruit de sa mort retentit à tous les échos, l'univers se couvrit à mes yeux d'un voile funèbre qui ne s'est plus levé. Toujours je porte le deuil de mon bien-aimé père adoptif.

Notre tentative d'enlèvement est jusqu'ici pour les historiens un fait peu authentique. Antommarchi, puisant à des sources douteuses, l'attribue à un contre-maître ayant le nom de Simon. Il y a là erreur. Le fait véritable, je viens de le rapporter. Peut-être existe-t-il d'autres témoins.

L'affaire, d'ailleurs, était demeurée tellement secrète, sur la *Zénobie*, que notre état-major l'ignora toujours.

J'ai revu deux des marins qui faisaient partie de

notre corvée d'eau. L'un jovial matelot du gaillard d'avant, surnommé *Bordage* ou Bosse-de-bout, me serra la main, l'œil couvert d'une larme. Il répéta ce mot seul : Sainte-Hélène. Bosse-de-bout, malgré ses allures excentriques, était plein de générosité. L'autre, marin entretenu du port de Toulon, s'est présenté à moi un jour anniversaire de la saint Philippe. Le tout jeune duc d'Orléans visitait l'arsenal. La ville était en liesse. S'approchant de moi, le vieux maître me dit à l'oreille : Ce n'est pas celui-là qu'on fêterait aujourd'hui, si l'Autre, à Sainte-Hélène, avait voulu vous croire ?

Pour Dobi, il mourut à l'hospice des aliénés d'Aix en Provence.

Ainsi le dévouement obscur est oublié ! Ainsi sont jetés dans la fosse commune les cœurs sublimes cachés sous une enveloppe grossière !

FIN.